ÉLOGE
D'EDMOND GÉRAUD

EN PRÉPARATION :

POÉSIES CHOISIES D'EDMOND GÉRAUD

VOLUME ORNÉ DE GRAVURES.

ÉLOGE
D'EDMOND GÉRAUD

PAR

CH. LATERRADE

MÉMOIRE QUI A OBTENU UNE MÉDAILLE D'OR DE L'ACADÉMIE
DE BORDEAUX.

BORDEAUX
IMPRIMERIE G. GOUNOUILHOU
11, RUE GUIRAUDE, 11

1890

ÉLOGE

D'EDMOND GÉRAUD

> Rien ne nous oblige dans cette occasion à franchir les bornes de la critique littéraire ; et si le talent de l'auteur ne saurait nous faire partager ses opinions, très certainement ses opinions ne sauraient nous faire méconnaître son talent.
>
> (E. GÉRAUD, *Ruche d'Aquitaine*, 1817.)

« C'est à tort que les hommes se plaignent de leur condition, sous prétexte que leur vie, si faible et si courte, serait gouvernée par le hasard plutôt que par la vertu. Loin de là. Quiconque voudra y penser reconnaîtra qu'il n'y a rien de plus grand, de plus élevé que la nature de l'homme, et que c'est moins la force ou le temps qui lui manquent, que le bon esprit d'en faire usage. Guide et souveraine de la vie humaine, que l'âme tende à la gloire par le chemin de la vertu, alors elle trouve en elle sa force, sa puissance, son illustration; elle se passe même de la fortune, qui ne peut donner ni ôter à personne la probité, l'habileté, ni aucune qualité estimable... »

« Si les humains avaient autant de souci des choses vraiment bonnes que d'ardeur à rechercher celles qui leur sont étrangères, inutiles et même nuisibles, ils ne seraient pas plus maîtrisés par les événements qu'ils ne les maîtriseraient eux-mêmes, et s'élèveraient à ce point de grandeur que, sujets à la mort, ils devraient à la gloire un nom impérissable.

» L'homme étant composé d'un corps et d'une âme, tous les objets extérieurs, aussi bien que toutes ses affections, tiennent de la nature de l'une ou de l'autre. Or, la beauté, l'opulence, la force physique et tous les autres biens de ce genre passent vite ; mais les œuvres éclatantes du génie sont immortelles comme l'âme. En un mot, les avantages du corps et de la fortune ont une fin comme ils ont eu un commencement. Tout ce qui a pris naissance doit périr ; tout ce qui s'est accru, décliner. Mais l'âme, incorruptible, éternelle, souveraine du genre humain, fait tout, maîtrise tout et ne connaît pas de maître. »

Dix-neuf cents ans se sont écoulés depuis que ces lignes furent tracées par un des écrivains les plus illustres de l'antiquité ; cependant, elles n'ont rien perdu de leur vigueur ni de leur actualité : aujourd'hui, comme à l'époque de Salluste, elles commandent le respect du lecteur et méritent son admiration. Tel est le privilège de la vérité : toujours une, toujours immobile, comme le temps elle voit tout passer, tout changer autour d'elle, sans jamais être atteinte par le souffle des révolutions. Les choses matérielles, quelque grandes qu'elles soient, n'ont qu'une durée plus ou moins éphémère. Demandez à Athènes ce qu'elle a fait de ses portiques, réclamez à Babylone ses constructions gigantesques, interrogez les villes

les plus fameuses pour savoir ce qu'elles sont devenues : c'est à peine si vous retrouverez, dispersés dans les différents musées du monde, quelques fragments de pierres, quelques débris informes qui vous rappellent confusément ces splendeurs du passé. Les cités les plus célèbres n'ont pas laissé de traces; Châteaubriand, après avoir cherché longtemps la place où dut être Sparte, arrive enfin au milieu d'une espèce de désert : « Quel beau spectacle! mais qu'il était triste! L'Eurotas coulant, solitaire, sous les débris du pont Babyx; des ruines de toutes parts, et pas un homme parmi ces ruines! Je restai immobile, dans une espèce de stupeur, à contempler cette scène. Je voulus, du moins, faire parler l'écho dans des lieux où la voix humaine ne se faisait plus entendre, et je criai de toutes mes forces : « Léonidas! » Aucune ruine ne répète ce grand nom, et Sparte même semble l'avoir oublié (1)! »

Non, il n'y a de durable au monde que ce qui est immatériel, comme la pensée; il n'y a d'impérissable que le vrai, le juste et le beau pris dans son acception la plus idéale, la plus métaphysique.

Les seuls monuments qui échappent à l'action désastreuse, impitoyable des siècles, ce sont les monuments de la pensée. Les portiques s'écroulent, les jardins suspendus s'évanouissent, les plus épaisses murailles se changent en poussière; mais l'*Iliade* et l'*Odyssée* demeurent debout, et les conquérants même qui ont rempli le monde de leurs exploits

(1) *Itinéraire de Paris à Jérusalem.*

seraient bientôt oubliés, si un grand poète, si un grand écrivain ne se chargeait de leur donner le baptême de l'immortalité.

Dresser l'inventaire exact des gloires littéraires d'un pays, c'est donc contribuer de la manière la plus efficace à assurer sa prépondérance, sa supériorité; c'est donner à la splendeur de ce pays ses bases les plus solides, les plus incontestables. On ne saurait travailler avec trop d'activité dans un but si louable. Que chaque ville revendique ceux de ses nobles enfants qui ont cultivé avec honneur les lettres, les sciences et les arts. Laissons à l'archéologue et au numismate la recherche des inscriptions et des médailles; fouillons le sol de notre littérature locale pour y découvrir les beautés qu'il renferme et les faire ressortir au grand jour de la publicité. C'est encore du patriotisme; c'est encore nous occuper de l'histoire de notre belle et chère nation.

Vers la fin du siècle dernier, il y avait à Bordeaux, sur les fossés du Chapeau-Rouge, une maison habitée par une famille d'honorables commerçants que recommandaient à la fois l'intégrité des mœurs et l'aménité des caractères. Le chef de cette respectable famille était Jean Géraud; il exerçait la profession d'armateur. Deux fils étaient nés de son mariage avec Mlle Hébé Pélissier : l'aîné se nommait Edmond, le second s'appelait John. C'est du premier seulement que nous avons à nous occuper dans cette notice biographique.

Edmond Géraud naquit à Bordeaux le 20 novembre 1775. Il montra, dès sa plus tendre enfance, des qualités précieuses que ses parents s'attachèrent à développer en lui. Son éducation fut le principal objet de leur sollicitude, et ils ne négligèrent aucun moyen pour diriger son esprit vers la vérité et son cœur vers le bien. L'exemple est le plus fort des arguments que l'on puisse proposer à l'enfance. La maison paternelle était, sous ce rapport, une excellente école pour le jeune Géraud. Il put y puiser de bonne heure ces habitudes de dignité gracieuse et sévère, cet amour et ce respect du foyer domestique, cette douce harmonie qui doit toujours régner au sein de la famille, en un mot, ces excellents principes qui devaient plus tard régler sa conduite à travers les épreuves de l'existence.

Mais Bordeaux n'offrait pas alors les ressources qu'il présente aujourd'hui; et quand Edmond eut atteint sa quatorzième année, il fut envoyé à Paris avec son frère, sous la conduite d'un sage et digne précepteur, M. Terrier. C'était en 1789; une sorte d'agitation fébrile fermentait dans tous les esprits, et quand Sieyès eut fait paraître sa fameuse brochure, cette publication, comme une étincelle électrique, communiqua à la grande cité une commotion aussi rapide, aussi universelle que profonde. Géraud assista donc à l'aurore de cette révolution qui devait changer la face du monde; il fut témoin des premières luttes du tiers-état et de la couronne; il entendit les accents énergiques de Mirabeau; il vit le peuple pénétrant jusque dans les appartements du roi, lors de la célèbre journée du 10 août. Alors, tout ce qui était jeune, tout ce qui était éclairé, tout ce qui était vraiment noble avait arboré l'étendard de la Révolution. Edmond ne résista pas à l'entraînement général, et les lettres qu'il écrivit à son père témoignent assez de l'immense ascendant que les idées révolutionnaires avaient déjà exercé sur lui, pour ainsi dire, à son insu. Ces lettres seront peut-être publiées un jour, et ce sera un hommage de plus rendu à la mémoire de l'écrivain bordelais, car on ne pourra les lire sans une vive admiration, et on sera étonné de la justesse des appréciations qui s'y trouvent contenues, soit sur les hommes, soit sur les choses de cette grande époque. Cependant, la tendresse paternelle s'alarma de la situation de Paris et des conséquences qui pouvaient en résulter pour Edmond et son frère. En 1793, il est décidé que les jeunes gens seront dirigés sur Toulouse pour y continuer le cours de leurs études. Cette décision fut immédiatement exécutée. Mais Toulouse, c'était encore la France, et l'agitation était alors partout, depuis Dunkerque jusqu'à Marseille, depuis Quimper jusqu'à Strasbourg. Le moment était mal choisi pour se livrer au culte des Muses. Le peuple se levait comme un seul homme ; des registres étaient ouverts dans toutes les communes pour inscrire les noms des volontaires qui volaient à la défense du pays menacé (1). Les deux frères voulurent aussi

(1) Voici les noms des jeunes gens qui s'enrôlèrent à cette époque dans le 8me bataillon de la Gironde :

Lieutenant-colonel, Papin.
Commandant, Servant.
Capitaine, le jeune Larré.

(Tous trois de Bordeaux.)

avoir leur part de fatigue et de gloire. Ni les refus réitérés de leurs parents, ni les supplications de leur bon précepteur, ni les craintes qu'on ne cessait de leur objecter, ni les promesses les plus séduisantes ne purent ébranler leur résolution. Edmond se décida à frapper un dernier coup : il adresse à son père un long plaidoyer en faveur de sa cause ; il le conjure, dans les termes les plus respectueux et les plus énergiques, de consentir à son enrôlement ; il lui exprime la honte qu'il ressent, le chagrin qu'il éprouve en voyant la jeunesse de Toulouse s'armer tout entière quand lui seul reste inactif ; il peint en traits de flamme l'auréole qui entourera les vainqueurs à leur retour dans leurs familles. Le précepteur veut accomplir jusqu'au bout son difficile ministère : il écrit au père d'Edmond ; il tâche d'amoindrir les raisons alléguées par son bouillant élève. Mais le patriotisme du fils avait gagné l'âme du père, et Terrier reçut une réponse pleine de grandeur et de sensibilité. Cette lettre, que nous n'avons pu lire sans émotion, renferme ces simples et touchantes paroles : « Nos enfants ont trop bien plaidé leur cause pour que leur » mère et moi puissions leur résister encore. Nous » les vouons à la patrie. » Il serait difficile d'exprimer

Soldats :

Ed. Géraud (Bordeaux).
Valton (Bordeaux).
Sabe (Bordeaux).
Baour (Bordeaux).
Cavagne (Dordogne).
Freigneau (Dordogne).
Chaudruc (Haut-Pays).
Camescasse (Haut-Pays).
Teulon (Bordeaux).
Saint-Léon.
Cluzeau (Bordeaux).
Cnoïet (Dordogne).
Domec (Bordeaux).
Corbière (Bordeaux).
Cazamajor (Bordeaux).
Courrège (Bordeaux).
Delor (Bordeaux).

la joie que ressentit Edmond à la lecture de ces lignes. Quelques instants après, il était soldat de la République et se mettait en route pour aller combattre les Espagnols. C'était le 16 mai 1793.

Les fatigues d'une marche précipitée, la rude vie des camps, les dangers des combats n'altérèrent pas un seul moment la sérénité du jeune soldat. Il raconte avec gaîté les péripéties de sa nouvelle carrière, et la désastreuse affaire de Blanc-Pignon (6 juin 1793) ne fait qu'exciter son courage. Le récit qu'il adresse à son père concernant cette funeste bataille se termine par ces mots : « Nous ne connaîtrons d'autre terme » à nos services que le terme seul des dangers de » la République. » Mais cette fougue belliqueuse, ce patriotique enthousiasme du jeune volontaire ne devait pas durer longtemps. Doué d'une perspicacité profonde, Géraud ne tarda pas à s'apercevoir que le fleuve de la République allait être refoulé vers sa source, et il ne voulut pas servir d'auxiliaire à ceux qui devaient arrêter l'essor de la Révolution. Il laissa donc la vie des camps, pour laquelle il n'était pas fait, ainsi qu'il le reconnaît avec tant de bon sens le jour même où il marchait courageusement contre l'ennemi :

« La carrière militaire, écrivait-il à son père, » ne sera jamais une profession pour moi. En me » faisant soldat, je remplis un devoir; mais je sens » que les facultés qui dominent mon intelligence ne » sauraient se développer au bruit des fusillades ni » sous la tente du bivouac. »

Il revint donc à Bordeaux retrouver son père, sa

famille, ses amis, et cette délicieuse propriété de Belle-Allée dont il est si souvent question dans ses lettres, dans ses Mémoires et dans ses poésies. Belle-Allée était un ravissant domaine dont le nom rappelait la magnifique avenue qui joignait aux bords de la Garonne, en face de la Bourse, la maison de campagne de Géraud. La construction de la gare de La Bastide a fait table rase de ces belles plantations et n'en a laissé que des vestiges; c'est sur ces débris qu'a été édifié le café chantant qui rivalise avec l'Alcazar de La Bastide. *Quantum mutatus ab illo!* Arbres majestueux de Belle-Allée, vous qui fûtes les confidents de tant de regrets et de tant d'espérances, les témoins de tant de spirituelles causeries; vous qui avez prêté votre ombre hospitalière à cette société d'élite qui entourait le jeune poète; vous qui avez inspiré ses chants les plus gracieux, — que d'aimables choses vous auriez à nous raconter, s'il vous était donné de prendre la parole, et quels gémissements vous feriez entendre sur la situation déplorable qui vous est faite aujourd'hui! Et vous, ombre de notre bien-aimé poète, si vous pouviez soulever la pierre du sépulcre et jeter un regard attristé sur ce domaine qui vous fut si cher, avec quelle douloureuse amertume vous le verriez mutilé par les exigences de l'industrie et du commerce! avec quelle navrante désolation vous verriez se grouper sous ces beaux arbres que vous avez plantés cette foule turbulente et oisive, avide de bière et de chants graveleux! Voilà donc pourquoi vous avez cultivé ces terres! Nouveau Mélibé, voilà pour qui vous avez formé ces bocages! *Barbarus has segetes!*

— Ah! jetons bien vite un voile épais sur le présent, et revenons vers le passé!

Nous sommes au commencement du dix-neuvième siècle; ce n'est pas le temps des goûts champêtres ni des mœurs pastorales. La société bordelaise offrait à cette époque un spectacle assez étrange : la tourmente révolutionnaire avait porté longtemps l'épouvante et la terreur au sein des familles; mais quand on crut la République décidément assise, également à l'abri de ceux qui voulaient la précipiter trop rapidement en avant et de ceux qui désiraient la ramener en arrière, on se livra au plaisir avec une espèce de frénésie. Les âmes s'ouvrirent d'un commun accord aux sentiments les plus tendres et les plus expansifs. Cette disposition fut singulièrement favorisée par le théâtre, que fréquentait alors la société la plus élégante. C'était le beau temps de *Fanchon la Vielleuse,* de *l'Épingle et la Rose,* de toutes ces pièces un peu fades, mais essentiellement sentimentales. Ce qu'on applaudissait au spectacle, on cherchait à le réaliser en ville : on se rapprochait d'autant plus qu'on s'était éloigné davantage.

Les affections firent place à l'intimité. Les petits soupers, les bals, les travestissements, les cavalcades, occupèrent les esprits les plus délicats. Des hommes placés à la tête de la magistrature, de riches négociants, donnèrent l'impulsion à toutes ces fêtes, à toutes ces réunions, et l'impulsion fut suivie avec une étonnante unanimité. Le sentiment des convenances reçut plus d'une atteinte, et ceux qui avaient refusé de se tutoyer quand le puritanisme républicain leur en faisait une obligation, le firent spontanément, comme pour attester le triomphe de cet esprit de familiarité qui venait de s'établir entre eux. Le relâchement des mœurs marche toujours avec celui du langage, et de graves infractions à l'austérité du mariage étaient à peine dissimulées. Les bals Dosmond et ceux de Mme Latapie, où l'on jouait beaucoup, eurent une vogue immense : là se réunissaient les hommes les plus considérés du barreau, de la finance et du commerce; là se nouaient et se dénouaient mille et mille intrigues qui alimentaient toutes les conversations. Quant aux gens du peuple, ayant été moins contenus, ils montraient moins de fougue dans leurs plaisirs; toutefois la licence avait fait chez eux aussi des progrès incontestables, que trahissaient surtout les refrains de leurs chansons préférées. Les contemporains de cette époque déjà éloignée ont gardé le souvenir de ces couplets ignobles, où le dévergondage des mœurs de la Régence se trouvait allié à l'idiome le plus grossier, aux expressions les plus dégoûtantes, au cynisme le plus révoltant. Mais comment le peuple se serait-il retenu sur cette pente de la dégradation morale? Aucune répression n'était là pour le contenir, et ceux qui auraient dû lui donner l'exemple de la modération et des convenances se faisaient un plaisir d'écouter et d'applaudir ses chants les plus obscènes.

Au milieu de ce débordement de joies folles et bruyantes, le jeune Géraud se montre calme, ami du silence et de la méditation; il ne prend aucune part à ces fêtes splendides; il recherche la société de quelques amis, qu'il réunit chez lui. Ses manières si courtoises, sa conversation si fine, si spirituelle, son âme si tendre, si expansive, attachent à lui tous ceux qui approchent de sa personne. Il devient ainsi le centre d'une pléiade d'hommes distingués qui forment sa compagnie habituelle et à peu près exclusive. D'ailleurs, Géraud avait rapporté de Toulouse autre chose que des connaissances littéraires. La ville de Clémence Isaure est aussi celle des trouvères : le jeune Edmond avait captivé le cœur d'une femme pour laquelle il conçut une de ces affections qui laissent dans toute l'existence, quelque longue qu'elle puisse être, des traces ineffaçables. Les grandes joies et les grandes afflictions réclament impérieusement le recueillement, la solitude : c'est ce qu'il trouvait à Belle-Allée.

On ne peut lire sans une douce émotion cette volumineuse correspondance, consacrée tout entière, surtout en 1800, à celle qu'il aimait (1). L'auteur des *Méditations* a dit avec raison :

> Heureuse la beauté que le poète adore,
> Heureux le nom qu'il a chanté!

Si Vaucluse a retenu le nom chéri de Laure, les échos de Belle-Allée, les Mémoires et les poésies de Géraud rappelleront toujours celui de sa Sylvie (2). Aussi, quand il lui écrit en prose, la poésie déborde

(1) Cette correspondance pourra former plus tard un volume à part sous le titre : *Lettres à une Toulousaine.*

(2) Dans ces poésies, Edmond Géraud se montre le digne émule de Parny et de Bertin chantant Eucharis et Eleonor.

malgré lui de son âme et s'épanche en vers charmants comme ceux-ci :

Dans ce monde importun, bien loin que je me plaise,
Tout ce qu'on y peut voir de charmant et de doux,
Ses fêtes, ses plaisirs, n'ont rien qui me distraise
Du regret déchirant d'être éloigné de vous.

Parfois, il s'efforce de paraître gai, de se montrer heureux ; mais sa sombre mélancolie, un moment contenue, fait bientôt explosion, comme dans ces quatre vers :

Soleil du Languedoc, l'enfant de Belle-Allée,
Edmond, tourne vers toi des regards de douleur,
Et, loin de tes rayons, sa pauvre âme exilée
N'éprouve désormais que tristesse et langueur.

On le voit, Géraud est déjà poète. La poésie a une double origine : Dieu donne l'imagination, et l'amour la féconde.

Cependant, les loisirs de Bordeaux et de Belle-Allée ne furent pas uniquement employés à cette touchante correspondance. Ce fut aussi l'époque des lectures sérieuses, des fortes études de Géraud ; ce fut alors que commencèrent à se développer en lui les qualités qui devaient en faire l'un de nos poètes les plus distingués.

En parcourant l'histoire de notre nation, Géraud avait été vivement frappé du silence qui régnait autour d'une époque riche de tant de gloires, de tant de pieux et poétiques souvenirs. Le moyen âge, malgré l'obscurité dans laquelle il se trouvait plongé, apparaissait à cette fraîche et brillante imagination comme un champ fertile couvert de moissons abondantes. Les merveilleuses épopées des croisades et de Jeanne d'Arc, la renaissance des lettres et des arts sous François Ier et Léon X; la chevalerie avec ses preux, ses tournois, ses héros et ses dames, — tout cela se trouvait dans le moyen âge et excitait la curiosité et l'admiration d'Edmond Géraud. Aussi trouvons-nous dans ses Mémoires, sous la date d'octobre 1800 : « Ce qu'on est convenu d'appeler le bon vieux temps eut toujours pour moi un attrait inexprimable. Les mœurs du XVe siècle, ce mélange de galanterie, d'héroïsme et de superstition; le sombre que jettent sur la scène ces cloîtres, ces châteaux, ateliers de crimes et de fanatisme, — voilà ce que j'aimai toujours de prédilection dans notre histoire et ce que j'ambitionne de retracer; il n'y a pas jusqu'à l'architecture de ces temps-là, il n'y a pas jusqu'aux costumes, jusqu'à l'idiome, dont je ne raffole, et que je n'aie tâché de me rendre familiers. Cette grande époque des Croisades me paraît, d'ailleurs, une mine féconde et toute neuve. Je ne cesse d'être étonné lorsque je pense au peu de parti que nos auteurs en ont tiré. La cause de cette indifférence, je crois l'apercevoir dans le respect aveugle et l'admiration exclusive de nos rhéteurs pour l'antiquité : nous ne savons rien goûter hors de la Grèce et de Rome. J'avoue que les fables antiques peuvent avoir quelque chose de plus ingénu, de plus riant et de plus moral; la poésie doit, sans doute, y trouver mieux son compte; mais enfin, la vieille machine mythologique est usée, de même que les historiens latins. On commence à se lasser de Flore et de Zéphyre aussi bien que des Atrides, des Brutus et des Néron : il est temps de renoncer à cet esprit d'imitation servile qui nous ramène toujours chez les Grecs et les Romains. Notre histoire offre de grands sujets au théâtre, ainsi qu'au roman. » Tel est le programme auquel Géraud devait rester fidèle. Nul ne s'est plus sérieusement occupé que lui de la réhabilitation, de la résurrection du moyen âge. Ses poésies, depuis la première jusqu'à la dernière, portent toutes comme un reflet de cette douce lumière qui semble projeter à la fois sa bienfaisante clarté sur le monde du passé et sur celui de l'avenir. — Littérature de transition, empruntant aux siècles de Périclès et d'Auguste des éléments qu'elle rajeunit sous l'influence du sel gaulois, d'une verve toute française, polissant et fixant un langage encore incertain, préparant au siècle de Louis XIV des sources nouvelles d'inspiration et de succès, dégrossissant les marbres somptueux dont les Corneille et les Racine formeront le plus splendide monument qui ait jamais été élevé à la pensée humaine.

Peut-être faut-il attribuer en grande partie à cet amour pour les institutions du moyen âge le changement qui s'était déjà manifesté dans les opinions politiques de Géraud. A force d'admirer les formes sous lesquelles se présente l'idée, on finit, sans s'en apercevoir, par adopter l'idée elle-même, et il n'y a pas si loin qu'on le pense de l'enthousiasme artistique provoqué par les monuments à une certaine sympathie pour ceux qui les ont édifiés. Quoi qu'il en soit, le républicain austère de 1793 était devenu royaliste, moins hostile cependant à la démocratie qu'à la personne de Bonaparte, qu'à la dynastie dont le vainqueur des Pyramides allait devenir chef. Quelque grand qu'ait été le dévouement de Géraud à la cause des Bourbons, on peut affirmer avec certitude que sa haine pour Napoléon fut bien plus grande encore. Géraud avait trop d'énergie dans l'âme pour être un homme de transaction et d'accommodement; il n'admettait que l'une de ces deux suprématies : la Révolution ou la Tradition, la République ou la Royauté, mais la royauté légitime, héréditaire, remise entre les mains du successeur immédiat de Louis XVI. En 1807, il avait composé dans la solitude une ode sur la mort du général Lacuée; l'étourderie d'un écolier découvrit l'auteur de ces vers, cependant inédits, et, le 10 avril, à huit heures du matin, après un procès-verbal dressé sur l'ordre du préfet, M. Fauchey, Edmond Géraud fut conduit et détenu au fort du Hâ (1).

(1) Liste des personnes qui visitèrent Edmond Géraud durant son court séjour au fort du Hâ (1807) :

MM. Ferrère.
Coudere.
Denugon.
Crossillac.
Detille-Séjourné.
Lorrando.
Dumoulin.
Maurice Maillère.
Durand de Corbiac.
Le Heine Philipeaux.
Soulyé.
Bergeret.
Barthez.
Valeton.
Plumber.

MM. Henri et Armand Ducos.
Leblond.
Delort.
Gautaier.
Seignette.
Pons.
Castaing.
Calixte Lemercier.
Mazois.
Louis Brochon.
Dumaine.
Camille Lavau.
Stanislas Ferrière.
Dufey.
Jauki Ferrière.

Les temps sont heureusement bien changés. Aujourd'hui, l'un des premiers éditeurs de la capitale peut publier impunément, sous Napoléon III, les terribles anathèmes lancés par le fougueux auteur des *Iambes* contre Napoléon Ier ; aujourd'hui, très certainement, on pourrait éditer, sans craindre aucune poursuite, la pièce entière d'Edmond Géraud, avec ces treize vers qui la terminent :

Infâme usurpateur que tout Français abhorre,
Tyran dont le seul art est de nous avilir,
Que ne puis-je moins te haïr
Pour te mépriser plus encore !
Va, malgré les flatteurs que ton féroce orgueil
Traîne enchaînés à la suite du trône,
Malgré le vain éclat d'une triple couronne,
Un jour, la Vérité, debout sur ton cercueil,
Redira de Moreau l'exil et la misère,
D'un prince infortuné l'horrible assassinat,
La honte de nos fers, les malheurs de l'État,
Et vingt peuples livrés aux fureurs de la guerre
Pour expier les crimes d'un soldat (1).

Pendant les quelques jours que dura la détention du poète, la fermeté de son caractère ne se démentit pas : « Je défie tous les rois de la terre, écrivait-il de » sa prison, de me forcer à m'ennuyer, à moins cependant qu'ils ne vinssent me tenir compagnie. Que » m'importent ces barreaux, ces sentinelles, ces guichetiers ; partout l'âme est libre, partout. » Il reçut d'ailleurs dans sa captivité de nombreuses visites, et notamment celles de Ferrère, Lorrando, Soulyé,

(1) *Étrennes royales de la ville de Bordeaux pour 1816*. Bordeaux, imprimerie de Brossier.

Bergeret, Henri Ducos, Louis Brochon, Stanislas Ferrière.

Mais la vieillesse, naturellement chagrine, n'a pas en partage la force et l'insouciance des jeunes ans; le père d'Edmond Géraud éprouva un grand chagrin de l'incident que nous venons de rappeler. Il écrivait alors à un de ses amis : « Quand je disais naguère que mes peines étaient à leur comble, combien je m'abusais ! La détention de mon fils aîné au fort du Hâ rend ma malheureuse existence mille fois plus affreuse, et ce n'est pas la seule cause qui me fait détester la vie et appeler la mort. » Les hommes qui prescrivent des mesures exceptionnelles se montreraient moins rigoureux s'ils savaient les larmes qu'ils font couler, les malheurs quelquefois irréparables qu'ils occasionnent autour de celui qui est pourtant le seul objet de leur sévérité.

Les poursuites dirigées contre Géraud ne diminuèrent en rien sa haine et son courage. Il le prouva huit ans plus tard lorsque, appelé à voter sur l'acte additionnel soumis par Napoléon à la sanction du peuple, il formula son opposition en ces termes :

« Attendu que personne aujourd'hui n'a le droit » de donner des lois au peuple français, puisque le » roi existe; attendu que cette nouvelle constitution » est à la fois l'ouvrage de la révolte et de la tyrannie, je dis : Non (1). »

Mais c'est assez parler de l'homme politique, revenons au poëte.

(1) Le scrutin sur l'article additionnel donna seulement 4,206 votes négatifs. (Thiers, *Histoire du Consulat et de l'Empire*, t. XIX.)

Géraud était trop ami de la retraite et de l'indépendance pour faire partie de ces sociétés littéraires qui, alors, il faut bien l'avouer, ne donnèrent pas toujours au pays des exemples de dignité. On le pressait d'entrer à l'Académie de Bordeaux ; il répondait que, s'il acceptait, il serait obligé tôt ou tard de plier le genou et de faire chorus à toutes les adulations. — Mais, lui disait-on, vous n'aurez qu'à vous taire et ne pas applaudir. Le poète persista dans son refus en écrivant ces paroles si sensées : « Lorsque tout le monde parle, celui qui se tait se prononce. » Voilà pourquoi Géraud ne fut rien, *pas même académicien.*

Cependant ses poésies étaient déjà connues et avaient reçu les suffrages des hommes les plus compétents lorsqu'elles furent publiées à Paris par Nicolle, en 1818, en un petit in-12 de 284 pages sorti des presses de Didot. Elles étaient attendues depuis longtemps ; on en disait beaucoup de bien ; mais l'effet qu'elles produisirent dépassa toutes les espérances. Lamartine n'avait pas écrit ses *Méditations,* et ceux qui cherchent dans la poésie l'interprétation des sentiments les plus intimes, ceux qui désirent y trouver un aliment pour leurs regrets les plus amers, comme aussi pour leurs espérances les plus douces, ceux-là n'avaient rien lu, depuis les élégies d'André Chénier, qui répondît à leurs aspirations. Edmond Géraud venait à leur secours. On avait soif de poésie en 1818 ; on saisit donc avec empressement la coupe que le poète bordelais avait si bien remplie. O vous qui avez perdu une compagne bien-aimée, je vous défie de lire sans émotion cette délicieuse élégie adressée *à l'ombre d'une amie*, et qui est placée en tête du volume comme la plus touchante, la plus séduisante des introductions. Ainsi l'artiste décore le seuil d'un édifice comme pour obliger le voyageur distrait à s'arrêter d'abord devant l'entrée et à pénétrer ensuite dans l'intérieur. Quelle grâce et quelle élégance Géraud sait déployer dans les plus petits détails! Avec quel art il sait décrire les plus petites choses :

Qui peut te retenir, fantôme que j'implore!
A mes côtés, dans l'ombre, viens t'asseoir ;
Une dernière fois je voudrais te revoir,
Je voudrais à tes pieds me prosterner encore,
Et près de toi jusqu'à l'aurore
Échapper à mon désespoir.
Ne tarde plus, viens, ô mon âme,
Viens, je brûle de te montrer
Ces souvenirs d'amour, ces gages de ta flamme
Dont rien n'a pu me séparer.
En vain l'amitié même a voulu m'interdire
Des biens si chers à mes douleurs;
Malgré ses prudentes rigueurs,
Le voilà ce portrait qui nourrit mon délire
Et qui fut tant de fois arrosé de mes pleurs;
Voilà ces doux aveux que j'aimais à relire;
Voilà tes bracelets, ta couronne de fleurs,
Et ce fruit parfumé dont l'écorce dorée
Reçut à l'heure de ta mort
Et le dernier soupir et le dernier effort
De ta bouche décolorée!

C'est bien là le ton de l'élégie; on n'y trouve aucun ornement faux, rien de recherché, rien qui ne soit à sa place, rien que de très naturel. Edmond Géraud a des élégies pour toutes les douleurs; il a décrit le désespoir de l'amant qui a perdu sa maîtresse; dans

Elmonde, c'est une femme dont le mari est mort victime d'un naufrage :

Il semble que le bruit des vagues en furie,
Les sifflements du Nord à travers les forêts,
Lui rendent plus présente une image chérie,
Et de cette âme en deuil exaltent les regrets.
Comme une ombre à jamais du cercueil exilée
Et que poursuit partout la colère du sort,
Voyez-la s'avancer tremblante, échevelée,
De ces bois au rivage et du rivage au port ;
En vain pour s'éloigner elle tente un effort ;
Par un sombre penchant en secret rappelée,
Elle revient toujours vers ce funeste bord ;
Toujours elle y demande, elle y cherche sans cesse
Les restes de l'époux que pleure sa tendresse ;
Et si dans l'horizon un éclair égaré
Des vagues, un instant, vient éclairer la cime,
Elle pousse des cris, se penche sur l'abîme
Et croit revoir encor le fantôme adoré.
Oh ! pleurez avec moi, pleurez le sort d'Elmonde,
Et ses nuits sans repos, et ses jours sans bonheur.
Les orages de l'air, les tempêtes de l'onde
N'égaleront jamais le trouble de son cœur.

S'il est vrai, comme l'affirme l'auteur de l'*Art poétique,* que

La plaintive élégie en longs habits de deuil
Sait, les cheveux épars, pleurer sur un cercueil,

il est également vrai que

Elle peint des amants la joie et la tristesse,
Flatte, menace, irrite, apaise une maîtresse.
Mais pour bien exprimer ses caprices heureux,
C'est peu d'être poète, il faut être amoureux.

Edmond Géraud réunissait en lui les deux qualités exigées par le législateur du Parnasse ; il était poète, il était amoureux. Il suffirait de son *Épître à Nisa* pour en donner la preuve :

Nisa, quand, pour apaiser
La flamme qui me dévore,
Sur ta bouche que j'adore
Je veux cueillir un baiser,
Par une ruse nouvelle,
Habile à me prévenir,
Tu me demandes, cruelle,
Combien j'en veux obtenir...

Laissons l'amant de Lesbie
En des vers ingénieux
Prescrire à sa jeune amie
Le nombre et l'économie
De ses baisers amoureux ;
Nous, ô ma belle maîtresse,
Suivons la voix du plaisir.
Qui compte avec le désir,
Crois-moi, n'en sent pas l'ivresse.

On trouve rarement des poètes sachant allier à ce point la rapidité, le coloris du style à la netteté du langage et à la richesse des rimes.

Un grand nombre d'élégies et de romances attestent dans ce charmant volume le goût prononcé de Géraud pour le moyen âge. Ses romances sont écrites avec une délicatesse inexprimable, une sensibilité pleine de charme. Celui qui a composé ces stances délicieuses que tout le monde sait par cœur :

Dors mon enfant, clos ta paupière,

et c'était encore un Bordelais, Berquin, semble avoir inspiré Géraud dans la composition de presque toutes ses romances. Nous voudrions bien ne pas abuser des citations ; mais on nous permettra de justifier nos appréciations par la reproduction de quelques vers au moins, pris dans chacun des genres qu'Edmond Géraud a cultivés :

Aux rochers de Saint-Avelle,
La reine Berthe, autrefois,
Fit bâtir une chapelle
A Notre-Dame des Bois.
Ce fut dans ce lieu sauvage
Qu'un jour, disant son missel,
L'ermite du voisinage
Reçut un beau damoisel...

— Pour avoir de noble dame
Obtenu simple baiser,
Je vais, brûlant d'une flamme
Que rien ne peut apaiser.
Oh ! dites-moi, je vous prie,
Par quel charme si fatal
Le doux baiser d'une amie
Est cause de tant de mal ?

Je ne saurais, la nuit même,
Reposer dans mon sommeil,
Et dès l'aube, un trouble extrême
Précipite mon réveil.
Tout vient irriter ma peine,
Tout m'offre le souvenir
De la belle châtelaine
Dont les baisers font mourir.

Mais un époux, dans Grenade,
La tient sous sa dure loi,
Et j'apprends qu'à la Croisade
Il me faut suivre le roi.
Je viens donc ici, mon père,
Vous demander instamment
Ou croix bénite ou rosaire
Pour apaiser mon tourment.

— Mon fils, répondit l'ermite,
De Notre-Dame des Bois
Le pouvoir est sans limite,
Et le ciel s'ouvre à sa voix.

Mais, hélas! sur cette terre
Où l'homme ne vit qu'un jour,
Il n'est ni croix ni rosaire
Qui guérisse de l'amour.

Le style badin, qui convient si bien au conte et aux poésies érotiques, a rarement été manié avec plus de facilité, plus d'enjouement, plus de naïveté que par Géraud. Son *Épître à nos maris poètes*, la pièce qu'il dédie à ses amis sous ce titre piquant : *Ma prison*, le placent à côté de ce Parny que l'auteur de la *Henriade* appelait son cher Tibulle. Il y a tant de verve, tant de traits fins et spirituels dans ses boutades, que le paradoxe y revêt les apparences de la vérité. On serait presque disposé à aller passer quelques jours en cellule quand on entend le poète vanter les charmes de la captivité :

Volupté, fille du repos,
Se plaît sous ces voûtes obscures,
Et l'amour contre ces barreaux
Aiguise des flèches plus sûres.

La plupart des épigrammes qui terminent le volume des poésies de Géraud pourraient être mises au rang des meilleures compositions que Boileau et J.-B. Rousseau nous ont laissées dans ce genre. En voici un exemple :

SUR LE PORTRAIT D'UNE PRUDE.

La dame dont voici l'image
Sut joindre jusqu'à son trépas
A l'honneur de passer pour sage
Le plaisir de ne l'être pas.

Les poésies de Géraud furent accueillies avec une immense faveur; deux éditions tirées à un grand nombre d'exemplaires se sont rapidement écoulées, et ceux qui les possèdent les ont gardées ou transmises à leurs enfants; en sorte que, depuis bien des années, il est à peu près impossible de se les procurer. Quand la maladie est venue arrêter sa plume, Géraud s'occupait d'une troisième édition (1), beaucoup plus complète que les deux premières, car elle devait réunir aux pièces qui avaient déjà paru d'autres productions complètement inédites ou publiées seulement dans la partie littéraire de quelques feuilles politiques. Le lecteur aurait pu constater que ce beau talent était encore dans toute sa force, que cette riche imagination n'avait perdu aucune de ses brillantes qualités. *L'Oiseau des Canaries* aurait suffi pour le prouver. On nous saura gré de citer tout entière cette composition si suave et si peu connue :

L'OISEAU DES CANARIES

A cette heure où tout sommeille,
Seul dans mes foyers déserts,
Je souffre et prête l'oreille
Aux murmures des hivers.
Un vent glacé m'environne,
La neige qui tourbillonne
Bat mes fragiles vitraux,
Et l'aurore jette à peine
Une lueur incertaine
A l'entour de mes rideaux.

Mais, vainqueur du crépuscule,
Dès qu'un rayon de clarté
De mon étroite cellule
A banni l'obscurité,
Je découvre l'humble cage

(1) Cette troisième édition paraîtra prochainement.

Où, troublé dans son sommeil,
L'oiseau du lointain rivage
Regrette son doux soleil;
Captif, il semble me dire :
— Ah! sans doute le zéphyre
Dans vos plaines reviendra;
Mais les bois qui m'ont vu naître,
Où j'aurais vécu sans maître,
Hélas! qui me les rendra?
— Du beau ciel de Canarie,
O malheureux exilé,
Va, si j'étais appelé
Vers ta riante patrie,
Si je pouvais dans mon sein
Te porter sur cette plage,
Je te le jure, soudain
Finirait ton esclavage;
Et quand les feux du matin
Viendraient dorer le feuillage,
Tu me verrais chaque jour,
Sous les palmiers d'alentour,
Écouter ton doux ramage.
Mais enfin, puisque le sort
A mes vœux est indocile,
Pourquoi maudire un asile
Qui te sauve de la mort?
Tu sembles, jeune insulaire,
Te croire étranger ici;
Mais tout mortel l'est aussi
Dans son trajet sur la terre;
Tout mortel ainsi que toi
Se plaint de sa destinée,
Chacun accuse la loi
Que le ciel nous a donnée.
Reprends donc, enfant des airs,
Reprends tes joyeux concerts
En bannissant la tristesse.
Crois-moi, dans cet univers,
C'est un don de la sagesse
Que de bien porter ses fers.
Aussi, malgré la froidure,
Et la neige, et les autans,
Oiseau de riant augure,

Parle-moi, je t'en conjure,
Du réveil de la nature
Et des charmes du printemps.
Quand l'hiver, quand la souffrance
Attristent mes longues nuits,
Pour consoler mes ennuis,
Chante et rends-moi l'espérance,
L'espérance, doux trésor,
Inépuisable breuvage
Dont l'homme s'enivre encor
Au terme de son voyage.

Les Charbons et le petit Pot auraient prouvé que la muse d'Edmond Géraud pouvait aborder sans crainte les difficultés de l'apologue :

Oublié pendant la messe,
Seul un petit pot bouillait ;
Le feu redoublait sans cesse,
Et le petit pot disait :

« Messieurs les charbons, de grâce,
» Ne m'échauffez donc pas tant ;
» Je ne peux tenir en place,
» Faites-moi trêve un instant.

» Hélas ! quand je vous implore,
» Dois-je être ainsi dévoré ?
» Si vous persistez encore,
» Certes, je me vengerai. »

Les charbons ne tinrent compte
De ces pleurs ni de ces cris ;
Aussi l'histoire raconte
Qu'ils en furent bien punis ;

Car ce fragile adversaire
Dont ils troublaient le repos,
En écumant de colère
Souleva ses petits flots ;

Et si bien sut les répandre
Que, malgré flamme et tisons,
Ce déluge, dans la cendre,
Éteignit tous les charbons,

Qui, trop tard, de leur malice,
Reconnaissant le danger,
Disaient : « C'est une injustice,
» Il fallait le ménager. »

Pour moi, de cette querelle,
Quand je cherche le vrai sens,
J'y vois l'histoire fidèle
De tous les gouvernements.

Les épigrammes intitulées : *A Marie, Blondin, Rapignac, Sur un grand prometteur, Sur la comtesse de....*, auraient mis en relief une fois de plus l'esprit caustique de Géraud.

Enfin, cette troisième édition aurait été complétée par un poème héroï-comique resté inachevé, et que l'auteur n'avait encore baptisé que du nom un peu vague de *Poème de chevalerie.* En parcourant ces pages, où la galanterie, les mœurs chevaleresques et aventureuses, les superstitions du moyen age se trouvent si fidèlement exprimées, combien on regrette que Géraud n'ait pu mettre la dernière main à une de ces œuvres dont nôtre littérature nationale est malheureusement si pauvre. Peut-être nous eût-il été donné d'ajouter enfin un titre de plus à cette liste déjà si ancienne et pourtant si peu étendue qui comprend la *Pucelle*, le *Lutrin* et *Vert-Vert*.

Les regrets que nous exprimons ici seront partagés, nous n'en doutons pas, par tous ceux qui auront pris connaissance du manuscrit de l'auteur. Son second chant est écrit avec un talent qui rappelle nos meilleurs conteurs (1). En voici quelques vers :

Travail sans fin sera votre partage,
Telle est ma loi ; je veux voir votre ardeur
Tourner sans cesse au bien de mon ménage ;
A moins qu'ici jeune homme plein de cœur,
Pour vous aider, se mettant à l'ouvrage
Toute une nuit, malgré les feux de l'âge,
A vos attraits n'oppose que froideur.
Dénichez donc ce rare serviteur ;
Mais jusque-là, belles, point de relâche :
A ce prix seul doit finir votre tâche
Et triompher votre libérateur.
— Ainsi parla l'odieux enchanteur,
Puis, nous frappant de sa noire baguette,
Loin du beau lac qui baigne sa retraite,
Sous les verrous d'une porte d'airain,
Mes sœurs et moi nous trouvâmes soudain.
Depuis ce jour, voyez, je vous conjure,
Quel doux labeur charme notre clôture :
Plus la bobine avec rapidité
Reçoit le fil, plus ce fil enchanté
Sur le rouet s'allonge outre mesure.
— Saint Yve alors : Quoi ! n'est-ce que cela ?
Et puisqu'il faut, durant la nuit entière,
A vos côtés travailler de manière
Que Robéor vous ouvre ce manoir ;
J'en veux tenter l'épreuve singulière.
Ce m'est ensemble et plaisir et devoir
De vous ravir à son affreux pouvoir.
— Disant ces mots, sur une humble banquette
Il s'établit, il leur fait la chouette
Et galamment leur sert de dévidoir.
Oh ! c'est alors qu'il aurait fallu voir
Comme son zèle animait ses voisines,
Et de quel air cet Alcide nouveau
Leur présentait le fatal écheveau.
A l'instant même où nos trois orphelines,
Tout en pressant le jeu de leurs bobines,

(1) Ce chant, de même que tous les fragments de poèmes de chevalerie, seront publiés dans le recueil de poésie.

Vers le héros inclinaient tour à tour
Un front de lis qu'ombrageait la tristesse,
Des yeux charmants qui respiraient l'amour
Et d'un beau sein la forme enchanteresse;
Réfugiés sous un léger mantel,
Ces doux attraits, ces grâces ingénues
Bien autrement troublaient le jouvencel
Que n'auraient fait des beautés toutes nues,
Car il était de ces gens délicats
Qui, fort touchés par de certains appas,
Veulent en voir et pourtant n'aiment pas
Qu'on les leur montre. A de naissantes flammes
Il laisse donc abandonner son cœur,
Quand le sommeil, par un charme vainqueur,
Comme à dessein surprit deux de ces dames.
Celle qui reste est la plus jeune d'ans,
Elle est aussi la plus appétissante,
Et notre ami qui, depuis si longtemps,
A ce rivage, à ces flots inconstants
Redemandait son Aloïse absente,
Déjà triomphe et rit entre ses dents
De se voir seul avec cette innocente,
Oubliant presque, en des transports si doux,
La foi promise et son titre d'époux,
Tant le moment a d'empire sur nous!
Hélas! aux pieds de ce couple si tendre
Gisaient déjà les pelotons épars;
Déjà leurs mains, leurs humides regards,
En se cherchant, faisaient assez comprendre,
Combien leurs cœurs étaient près de s'entendre.
On a dit même, et je le crois un peu,
Que si la nymphe, objet d'un si beau feu,
Ne s'armait point de vaines réprimandes,
De son côté, lui se passait d'aveu,
Et qu'en prenant il faisait ses demandes.

Voilà bien le style le plus facile, le plus coulant, le plus gracieux; voilà bien cet art merveilleux de conter dans lequel Voltaire et La Fontaine, n'ayant jamais rencontré d'émules, ont trouvé si peu d'imitateurs.

Mais nous en avons dit assez pour établir sur des

documents irrécusables la supériorité du poète bordelais; pour fixer avec connaissance de cause le rang qu'il doit occuper dans cette brillante et immortelle phalange qui a créé ou maintenu la gloire littéraire de notre pays. Un homme de beaucoup d'esprit a résumé son opinion sur Edmond Géraud en disant : « Il a ouvert la porte au romantisme, mais il est resté sur le seuil. » Tout le monde sera de cet avis; tous les gens de goût se plairont à ratifier un jugement si vrai et si exactement formulé. Oui, il a ouvert la porte au romantisme en se séparant des Grecs et des Romains, en découvrant dans les fastes de notre nation des sources inépuisables de poésie jusqu'alors à peu près inconnues, en jetant sur le moyen âge ses regards investigateurs, en remuant les cendres de ces poètes que le siècle de Louis XIV avait si généralement dédaignés; il a ouvert la porte au romantisme en étudiant l'architecture, les mœurs, les costumes et l'idiome de cette époque, bien avant que Victor Hugo écrivît son admirable ouvrage *Notre-Dame de Paris;* il a ouvert la porte au romantisme en sortant de l'ornière, en brisant avec les idées reçues, en s'abstenant de toute imitation servile, en s'attachant à être lui-même et non point tel ou tel autre de ses devanciers. Mais il est resté sur le seuil en respectant les règles immortelles du bon sens et du bon goût, les traditions imprescriptibles de la beauté, de la correction, de la clarté, de la noblesse dans la forme; il est resté sur le seuil en ne cherchant pas à étayer son succès sur la fragile charpente d'expressions hasardées, de vers audacieux, de césures boiteuses et de rimes faciles ; il est resté sur le seuil en se montrant rigoureux observateur des principes de la grammaire et de la prosodie, en retouchant sans cesse ses meilleures productions, en les modifiant, en les corrigeant jusqu'au moment de leur publication ; il est resté sur le seuil en ne recherchant pas les faveurs passagères de la popularité, au mépris des saintes lois de la morale et de la raison ; et s'il avait écrit pour le théâtre, il n'eût jamais eu à se reprocher ces déplorables entraînements que le génie même ne saurait justifier.

Le succès d'Edmond Géraud est fondé sur des bases plus solides. Le torrent populaire porte bien haut ceux qu'il soulève ; mais son action est de courte durée : il n'y a pas loin du Capitole à la Roche Tarpéienne pour beaucoup d'écrivains, c'est-à-dire des honneurs du triomphe aux catacombes de l'oubli. Des œuvres tant prônées, tant applaudies, qui provoquèrent à leur apparition un enthousiasme si bruyant, combien en est-il qui dorment aujourd'hui dans les cabinets de lecture d'un sommeil éternel ? Mais tant qu'il y aura des esprits délicats pour lesquels la poésie et les arts ne seront pas de vains mots, tant qu'il existera des cœurs échauffés par l'amour ou remplis d'une douce et tendre mélancolie, les œuvres de Géraud trouveront des lecteurs assidus ; elles auront leur place marquée dans les meilleures bibliothèques, non sans doute parmi les ouvrages produits par le génie, mais parmi les bons livres écrits avec un goût épuré, une sensibilité profonde, un jugement exercé, un style qui ne supporte aucun reproche sérieux quant à l'élégance et à la pureté. Voilà pour le poète occupons-nous maintenant du critique.

L'auteur du *Glorieux* a écrit ce vers qui a acquis la force et la popularité d'un proverbe :

> La critique est aisée et l'art est difficile.

Il y a dans cet aphorisme une grande vérité et une grave erreur. La critique est aisée à celui qui ne la justifie pas, à celui qui se borne à dire : Ceci est bien, ceci est mal. Nous ne manquons pas de ces censeurs, et ce sont les plus impitoyables, qui s'érigent en Aristarques superbes et qui savent à peine les premiers éléments de la langue; qui apprécient en dernier ressort et sans appel des ouvrages dont ils ne comprennent pas le premier mot. Pour eux, la critique est aisée, car elle n'est basée sur aucun principe, elle ne repose sur aucun fondement. Mais la critique raisonnée, proprement dite, celle qui a des poids, des mesures et une balance, celle qui met chaque chose à sa place, est-elle facile, est-elle le partage du plus grand nombre, ou n'est-elle pas plutôt le rare privilège des hommes les plus richement doués des dons que la nature accorde et des lumières que le travail fait acquérir? S'il est certain que l'art est difficile, il est également incontestable que la critique est loin d'être aisée. Avant tout, le critique est un juge. Quelles sont les qualités d'un juge? Il faut qu'il connaisse les lois, qu'il sache les appliquer avec discernement, et surtout avec impartialité. Le juge littéraire doit donc savoir d'une manière approfondie les règles de l'art d'écrire, il doit être dégagé de toute prévention, de tout préjugé, de toute passion. Il doit encore posséder cette qualité absolument essentielle, si difficile à définir, qu'on appelle le goût. Il est indispensable qu'il sache ce qui a déjà été publié sur les matières comprises dans le livre qu'il examine, afin de pouvoir rendre à César ce qui est à César et de faire à chacun sa juste part d'originalité. Ainsi, les richesses de l'érudition doivent se joindre chez lui à la rectitude du jugement, et les exigences d'une conscience scrupuleuse à l'indépendance d'une raison éclairée.

Edmond Géraud avait en partage ces éminentes qualités. Nous les avons retrouvées dans ces nombreux articles de critique littéraire qui élevèrent si haut la *Ruche d'Aquitaine* de 1817 à 1820, qui enrichirent de tant de charmantes causeries la *Ruche* devenue quotidienne et politique, le *Mémorial bordelais*, la *Quotidienne*, la *Gazette de France*, et qui contribuèrent si puissamment, en 1827 et 1828, au succès des *Annales de la littérature et des arts*.

La *Ruche d'Aquitaine* fut fondée à Bordeaux le 1er juillet 1817. On peut dire qu'elle prit naissance sous les arbres de Belle-Allée, au sein de ce groupe si remarquable que formaient autour de Géraud les Duranteau, les Rodrigue, les Ferrère, les Gradis, les Lorrando, les Peyronnet, les Saget et les Soulyé. C'est Edmond Géraud qui fut le principal rédacteur et l'âme, pour ainsi dire, de cette utile publication.

Appuyé sur les études les plus consciencieuses, servi par des facultés que la méditation et le travail avaient heureusement développées, inspiré par le seul amour du vrai et du bien, guidé par un goût qui avait été épuré dans le commerce des meilleurs écrivains de l'antiquité et des temps modernes, Géraud ne se laissa arrêter dans son entreprise par aucune difficulté; il fit passer au critérium de son analyse sévère autant que juste les plus grandes renommées de son temps.

Quand tout le monde s'inclinait devant les belles pages de Mme de Staël, il n'hésitait pas, en 1817, à reprocher aux romans de cette femme illustre les déclamations et la métaphysique dont elle surchargeait ses ouvrages; il la montrait se substituant à ses héroïnes, faisant de celles-ci des êtres trop exceptionnels; il lui conseillait de moins s'attacher à saisir les ressorts des passions et de les peindre davantage. Certes, l'auteur de *Corinne* n'a pas besoin de nos éloges; elle a mérité, par ses ouvrages et par la noblesse de son caractère, le rang si élevé qu'elle occupe parmi les illustrations modernes; néanmoins, on ne peut s'empêcher de reconnaître dans plusieurs de ses livres les imperfections que lui reproche Géraud, et il y avait alors un certain courage à les signaler.

La critique de Géraud intéresse d'autant plus le lecteur qu'il ajoute sans cesse des traits nouveaux à ceux du livre qu'il examine. C'est ainsi que, dans les articles consacrés à la *Gaule poétique* de Marchangy, dont il loue la pensée et le style peut-être avec un peu trop de chaleur, il s'écrie : « Le temps de la Mythologie est passé; il faut laisser un peu les anciens de côté; Duguesclin, Bayard, Henri IV sont assurément des héros aussi intéressants qu'Ulysse, Achille, Diomède et les deux Ajax. Le temps, père d'oubliance, comme l'appelait si bien Brantôme, pare d'un nouveau charme les souvenirs de la patrie, et nous ressemblons tous plus ou moins à ce jeune sauvage de la mer du Sud qui, reconnaissant au Jardin des Plantes un arbre de son île, se prit à l'embrasser de toutes ses forces, en s'écriant, ivre de joie : « Mon pays! mon pays! »

Le *Voyage au château de Michel Montaigne* est une délicieuse étude et une savante appréciation du caractère et de la vie du philosophe bordelais. Géraud nous montre l'auteur des *Essais* avec cette étonnante originalité qui provenait un peu des oublis de la mémoire, son amour de l'isolement, sa bonne et solide amitié pour La Boétie, ses deux livres favoris : Sénèque et Plutarque. Il met en relief ses qualités de causeur expansif; il expose avec un charme infini la modération et l'intégrité de Montaigne, au milieu d'un siècle vraie école de trahison, de brigandage et d'inhumanité.

Le *Voyage au château de Montesquieu*, publié l'année suivante, forme une sorte de complément de la notice que nous venons de rappeler. Edmond Géraud initie ses lecteurs à tous les précieux souvenirs que présente le château de La Brède, ce séjour préféré de l'immortel Montesquieu, cette solitude où, loin du fracas de Paris, c'est Montesquieu qui le dit, les pages de l'*Esprit des lois* et les *Considérations sur la grandeur et la décadence du peuple romain* furent écrites.

Les poésies diverses de Marie-Joseph de Chénier furent le sujet de plusieurs excellents articles d'Edmond Géraud. Tout en louant le mérite littéraire de Chénier, le critique lui reproche avec raison la versatilité de ses opinions et la vénalité de sa plume. Quand il s'agit de flétrir le manque d'indépendance, la déloyauté, Géraud trouve dans son indignation des paroles vraiment éloquentes. Il s'élève avec force contre ces charlatans de philosophie, « assidus serviteurs du gouvernement » de fait, toutes les fois du moins que ce gouvernement » les menace ou les paie ». Il parle en termes vivement sentis de la noble audace de ces journalistes qui, bien assurés d'avance que celui qu'ils attaquent ne peut leur répondre, le pulvérisent tout à leur aise dans leurs feuilletons. « Ce qu'il y avait surtout de fort amusant, » ajoutait-il, c'était, je me le rappelle, de les voir, dans » ce généreux combat, donner fièrement à leur adver- » saire des leçons d'honneur et de loyauté ; il semblait » entendre Thersite raisonner de bravoure et Messaline » de pudeur. »

L'étude publiée en 1818 sur les poètes français, depuis Marot jusqu'à Benserade, est une nouvelle preuve du goût prononcé de notre poète pour la littérature du XVIe siècle, dont il ne dissimule pas, du reste, les nombreuses imperfections. Il passe tour à tour en revue Marot, Ronsard, Passerat, Régnier, Malherbe, Adam, Segrais, Chapelain, Voiture, Scarron et Benserade, sans oublier toutefois Saint-Gelais, Dubelloi, Jodelle, Remy Belleau, Marguerite, Louise Labbé, Pibrac, Pasquier, Jean de la Péruse, La Boétie, Claude Pontoux, Garnier, Desportes, Dubartas, Gilles Durand, Racan, Mainard, Gombaud, Malleville, Motin, Théophile, Bois-Robert, Saint-Amans, Brébeuf, Tristan l'Ermite, le père Lemoine, Desmarets, Lalanne,

Patru, Mme de la Suze, Gibbert, Dalibrai, de Tressant, Hubert, Marigni, d'Accilli, Mme Villedieu, de la Sablière, Montreuil, Charleval, Saint-Paris, Sarrasin ni Chapelle.

On nous pardonnera cette longue énumération ; elle atteste à la fois la richesse de cette courte période de notre histoire littéraire, qui comprend à peine un siècle, et la connaissance approfondie que Géraud en avait acquise. Parmi ces poètes, la plupart inconnus, il en est qui ont fourni plus d'une pensée et quelquefois des vers entiers à Corneille, à La Fontaine, à Racine et à Molière. Que de gens ignoraient, avant la notice de Géraud, que cette belle image qui se trouve dans Athalie :

> Et de David éteint rallumer le flambeau,

n'était que la reproduction à peu près littérale de ces vers charmants de Dubelloi :

> Penses-tu par ta plainte
> Soulever un tombeau,
> Et d'une vie éteinte
> Rallumer le flambeau ?

Edmond Géraud sut toujours se défendre de cet enthousiasme irréfléchi qui nous porte à l'exagération, et de ce penchant presque irrésistible qui nous entraîne vers les idées généralement acceptées. La littérature a ses modes comme le costume ; le public, à certaines époques, se montre plus ou moins favorable à telle ou telle école, à telle ou telle nation. Le critique ne doit rien sacrifier à ces tendances ; il doit rester impassible au milieu de l'agitation, comme un phare élevé qui éclaire sans les suivre ceux qui circulent autour de lui; c'est ainsi qu'en 1818, comme aujourd'hui, certains écrivains ne cessaient d'exalter les poètes et les romanciers allemands, n'hésitant pas à proclamer leur supériorité sur nos auteurs nationaux. Le rédacteur de la *Ruche d'Aquitaine* entreprit alors de démontrer combien cette opinion était erronée; à l'aide de quelques comparaisons choisies avec autant de tact que d'impartialité, il lui fut aisé d'établir que nos auteurs vont mieux au fait que les Anglais et les Allemands; qu'ils s'égarent moins dans les petits détails; qu'ils les mettent plus judicieusement à leur place; qu'ils savent mieux ordonner un plan et distribuer toutes les parties d'un grand ouvrage. Les reproches qu'il adresse aux écrivains de l'Allemagne, il les applique à leurs plus grandes illustrations : Gœthe, Burgher et Schiller.

Le patriotisme de Géraud ne le rend pas aveugle cependant sur les défauts des ouvrages publiés en France, même par ses contemporains, et sa critique sait quelquefois revêtir des allures un peu vives et décocher les traits les plus piquants. Les *Mémoires de Mme Mansin*, la *Mérovéide* de M. Lemercier, une certaine *Ode sur la douche ascendante*, un *Voyage d'Azaïs aux Pyrénées*, l'*Évangile mis en vers*, excitèrent surtout à cette époque les fines railleries de Géraud.

Citons encore, avant de quitter la *Ruche d'Aquitaine*, un article étendu sur les *Lettres inédites de Mme la marquise du Châtelet*, qui avait pour devise cette maxime tout épicurienne : « Il faut nous rendre heureux à quelque prix que ce soit. » Étroitement liée avec Voltaire, elle exerça peut-être sur le génie du grand poète une influence fâcheuse; froide comme une mathématicienne, plus ardente à résoudre une équation algébrique que disposée à composer des élégies, c'est à elle peut-être que doit remonter le reproche que Delille faisait à la *Henriade* quand il disait de ce poème : « On n'y trouve pas seulement d'herbe pour les chevaux. » Et cependant Voltaire aurait dû la connaître, puisqu'il lui écrivait un jour, en lui adressant un petit cadeau à l'occasion de la nouvelle année, cette spirituelle boutade :

Une étrenne frivole à la docte Émilie,
Peut-on la présenter? Oh! très bien, j'en réponds.
Tout lui plaît, tout convient à son vaste génie,
Les livres, les bijoux, les compas, les pompons,
Les vers, les diamants, les biribis, l'optique,
L'algèbre, les soupers, le latin, les jupons,
L'opéra, les procès, le bal et la physique.

L'impartialité que Géraud apportait dans tous ses écrits ne l'abandonnait point quand il s'agissait de la critique de certains artistes dont le talent exceptionnel méritait d'être pris en sérieuse considération. Ses articles sur Martelli, qui avait été avocat avant d'être acteur, ses judicieuses réflexions sur le mérite de Talma et de Mlle Georges, figurent avec honneur dans les colonnes de la *Ruche*. Géraud était l'ami des beaux-arts, et il ne craignait pas de sortir du cercle habituel de ses travaux, pour formuler, en matière de peinture, des jugements que sanctionnèrent toujours les artistes les plus compétents. « Quand on n'est pas demeuré entièrement étranger, disait Géraud, à la théorie des beaux-arts; quand on a pris quelquefois pour objet de ses études l'imitation de la nature, l'idée du beau, la connaissance des passions, il n'est pas absolument impossible d'apprécier un tableau, ni tout à fait ridicule d'en parler. »

Les différents articles que nous venons de rappeler, et beaucoup d'autres qu'il serait trop long de mentionner, furent publiés dans la *Ruche d'Aquitaine* antérieurement à l'époque de l'agrandissement de son format et du changement qui s'opéra dans son mode de publication. La *Ruche* avait été fondée en 1817. Pendant deux ans, elle parut avec la plus grande régularité par livraisons bi-mensuelles de 40 pages in-8°, de manière à former chaque année deux volumes d'environ 500 pages d'impression. Grâce au talent et à l'activité de son principal rédacteur, la Revue bordelaise avait eu en peu de temps un retentissement inespéré. C'est surtout à la critique littéraire de Géraud qu'il faut attribuer un succès si complet. Cette critique, dégagée de toute passion et de toute obscurité, avait jeté un vif éclat sur la modeste *Ruche*, dont les arrêts étaient attendus avec impatience, non seulement en province, mais à Paris même. Les poésies d'Edmond Géraud l'avaient déjà fait connaître sous le jour le plus avantageux; en 1816, il était entré pour la première fois dans la lice ouverte par l'Académie des Jeux Floraux; il avait reçu à la fois une double couronne : un souci d'argent pour son élégie : *Les bords de la Beïse*, et un lis d'argent pour son hymne à la Vierge : *La mère mourante*.

On ne vit pas sans étonnement le même écrivain joindre à l'imagination et au bon goût du poète le style sévère d'un prosateur correct et élégant, la solidité d'un jugement mûri par l'étude et par la réflexion.

Peut-être me serais-je hasardé à critiquer le critique, à juger le juge; peut-être me serais-je efforcé de faire ressortir tout le mérite, toute la justesse de ses appréciations, s'il m'avait été donné de lire la volumineuse correspondance de Géraud, et d'acquérir ainsi la conviction de l'estime profonde qu'il inspirait aux hommes les plus éminents de son époque. Ce n'est pas seulement le jeune Victor Hugo qui lui demande des conseils, Peyronnet qui le prie de corriger ses vers; c'est Saint-Victor qui l'honore de son intimité; c'est Baour-Lormian, Charles Nodier, Alfred de Vigny, de Genoude, Marcellus, Marchangy, Martignac, Dupré de Saint-Maur, Laurentis, Sophie Gay, Mme Desbordes-Valmore, Ballanche et Châteaubriand lui-même qui lui écrivent des lettres tout empreintes des sentiments les plus affectueux et de la haute considération dont ils sont pénétrés pour sa personne et pour ses travaux (1).

(1) A ces noms, il convient d'ajouter ceux de :

M. de Lafaurie de Monbadon.
Baron d'Haussez.
M. David Johnston.
Comtesse de Larochejaquelein.
M. Lainé.
Talma.
M. d'Autichamp.
M. Émile Barrateau.
M. de Calonne.
M. Chênedollé.
Pauline Ducange.
M. Charlet.
M. Colnet.
Comte de Curzay.
M. Desforges.
Duc de Damas.
Ducis.
M. Dufort de Donissan.
M. Duranteau.
De Gallard.

Après de pareils noms, nos éloges seraient superflus. Hâtons-nous d'ajouter cependant, pour remplir notre tâche d'historien, que la *Ruche d'Aquitaine*, devenue journal politique et quotidien, reçut encore, pendant toute la durée de son existence, le précieux concours d'Edmond Géraud. Paris ne pouvait laisser à la seule province un critique si distingué. La *Quotidienne* et la *Gazette de France* furent heureuses de le compter au nombre de leurs collaborateurs, et les *Annales de la littérature et des arts* s'enrichirent surtout des articles de Géraud. De 1827 à 1830, l'écrivain bordelais s'appliqua presque exclusivement à la critique littéraire. Les nombreux lecteurs des *Annales* retrouvèrent dans le judicieux et courageux critique toutes les qualités que les abonnés de la *Ruche* avaient admirées tant de fois. Il ne se laissait jamais fasciner par aucune gloire, séduire par aucun prestige. Ainsi, tout en louant Mme Tastu, par exemple, tout en reconnaissant qu'elle a droit au titre de poète, il blâme avec énergie ce qui lui paraît médiocre et de mauvais goût dans ses œuvres. A propos d'un certain lai dans lequel Mme Tastu s'était aventurée à imiter

M. Gradis.
M. Golle-Dupont.
M. Guiraud.
Vicomte Duhamel.
M. Lacour.
M. Gérard Lacuée.
M. Laboulsse.
M. Mèze.
M. de Mondenard.
M. de Mellet.
M. de Piis.
M. Joseph Pain.
M. de Peyronnet.
M. Cazenove de Pradines.
M. Joseph Rodrigues.
M. de Sèze.
M. de Saget.
M. de Saint-Marc.
M. de Tournon.
M. Vigé.
M. de La Ville.
M. de Mirmont.
M. Vaublanc.
Comte Walch.
Maine de Biran.
Comte Lynch.

Clément Marot, le critique observe avec raison « que le secret de ce style ne consiste point, ainsi que la plupart semblent le croire, à retrancher çà et là quelques pronoms personnels devant les verbes, non plus qu'à piller au hasard dans les auteurs d'une certaine époque quelques mots bien surannés. Il suffit, pour s'en convaincre, de lire attentivement une seule page de Marot ou de ses contemporains ; leurs moindres chansons ont une grâce qui ne tient pas seulement aux expressions, mais au caractère de leur siècle ; tandis que les couplets de nos troubadours offrent une couleur indécise qui appartient beaucoup plus au langage et aux idées modernes qu'à l'idiome de nos aïeux. On croirait, en vérité, que ce n'est aujourd'hui qu'une manière de plus qu'ont découverte certains poètes jaloux de se rendre tout à fait inintelligibles. »

Si la muse aimable et gracieuse de Mme Tastu n'avait pu trouver grâce entière au tribunal du critique des *Annales,* ne soyons pas surpris de la sévérité plus caustique déployée par le même écrivain à l'occasion des *Odes et Ballades* de Victor Hugo. Œuvre bizarre comme toutes les conceptions du grand poète, ce livre renferme à la fois du beau et du laid, du sublime à côté du trivial ; irrégulier, capricieux, fantasque dans sa marche toujours audacieuse, Victor Hugo ressemble à un torrent impétueux qui s'élève bien haut pour redescendre tout à coup. Les avertissements et les critiques, les conseils et les reproches ne lui ont pas manqué ; mais ils n'ont rien changé, comme on sait, aux procédés de l'auteur des *Orientales*. Les incohérences de sa poétique, il les a érigées en système, et, semblable à ce chef d'abbaye dont parle Rabelais, il paraît ne s'être fait qu'une loi, celle de n'en avoir aucune. Déjà, dans les *Odes et Ballades*, ces irrégularités inconcevables se montraient à tous les regards. Edmond Géraud les constate avec une tristesse d'autant plus profonde qu'il aperçoit de brillants éclairs au sein de ces nuages. Après avoir cité de très belles stances, le critique ajoute : « Quand on possède une âme d'où s'échappent de pareils vers, comment en fait-on de si mauvais ? Quand on a écrit cette ode neuvième adressée *à une jeune fille,* et que nous ne pouvons nous lasser de relire, comment publie-t-on un recueil où les gens de goût, en remarquant çà et là des passages admirables, ne peuvent cependant rencontrer plus de deux pièces qui soient d'un bout à l'autre irréprochables ? Voilà une question dont on ne trouverait peut-être la véritable réponse que dans l'influence fatale qu'exercent sur l'auteur les éloges effrénés auxquels il est en butte. On lui a tant répété qu'il était un *enfant sublime,* qu'il se confirme de plus en plus dans ses défauts et s'éloigne chaque jour davantage du haut rang qui lui fut destiné parmi les poètes :

> Détestables flatteurs, présent le plus funeste
> Qu'ait pu faire *au talent* la colère céleste.

Dans les *Annales* comme dans la *Ruche,* Géraud soutient et démontre la supériorité de nos écrivains sur ceux de l'Angleterre et de l'Allemagne. Après avoir consacré plusieurs de ses études comparatives à des sujets graves, il se place sur le terrain du badinage et de la plaisanterie, et il ne lui est pas difficile de prouver combien, sous ces rapports, les plus illustres romanciers ou poètes d'outre-Manche et d'outre-Rhin sont faibles à côté des nôtres. Il cite à cette occasion des épigrammes fort piquantes dues à des poètes généralement inconnus. Nous ne résisterons pas plus que Géraud au désir d'en reproduire une, composée par un certain abbé Dourneau :

Paul est un beau diseur à qui ma maison plaît;
Mais à le recevoir, voyez ce qu'il m'en coûte :
Paul est gourmet, joueur et lit les vers qu'il fait;
Moi j'ai d'assez bon vin, jamais d'as, et j'écoute.

Après avoir montré dans Géraud le poète et le critique, nous devons rappeler aussi le journaliste et rechercher d'abord à quelles causes doit être attribuée l'ardeur avec laquelle il se lança dès 1814 dans la presse royaliste la plus véhémente.

La guerre ne vaut rien pour la poésie, et les conquérants ont rarement compté des admirateurs parmi les poètes. Le plus grand héros des temps anciens n'a pas été respecté lui-même par le favori des Muses. Boileau en parle en termes très irrévérencieux :

Quoi ! cet écervelé qui mit l'Asie en cendre ?

et J.-B. Rousseau le compare au fléau de Dieu :

J'admirerais dans Alexandre
Ce que j'abhorre en Attila !

Napoléon devait subir le même sort, et s'il a eu des flatteurs, ce n'est pas sur le Parnasse qu'il les a rencontrés. Ducis refusa la croix d'honneur qui lui était offerte. « Il y a tout à craindre, disait-il, de l'homme capable d'abattre un chêne pour avoir un nid. » D'après Walter Scott, il y avait dans l'âme de Napoléon, plus vaine que grande, plusieurs traits confondus de Trajan et de Domitien. Napoléon pouvait être comparé, disait-il, à Socrate dans cette allégorie qui nous le montre alternativement inspiré par un bon et par un mauvais génie. Le premier signale son passage par des actions d'éclat et de grandeur; l'autre, maîtrisant en lui la faiblesse humaine par son vice dominant, l'amour de soi, souille l'histoire d'un héros par des sentiments dignes d'un tyran vulgaire. » Chateaubriand résumait toute la politique de l'empereur par ces dures paroles : « On corrompra cette jeunesse, mais elle m'obéira mieux; on fera périr cette branche d'industrie, mais j'obtiendrai pour le moment plusieurs millions; il périra soixante mille hommes dans cette affaire, mais je gagnerai la bataille. »

Enfin, Lamartine, dans son discours sur les destinées de la poésie, n'a-t-il pas dit aussi en parlant de l'Empire : « Rien ne peut peindre à ceux qui ne l'ont pas subie l'orgueilleuse stérilité de cette époque. C'était le sourire satanique d'un génie infernal quand il est parvenu à dégrader une génération tout entière, à déraciner tout un enthousiasme national, à tuer une vertu dans le monde. Ces hommes avaient le même sentiment de triomphante impuissance dans le cœur et sur les lèvres quand ils nous disaient : « Amour, philosophie, religion, enthousiasme, liberté, » poésie, néant que tout cela! Calcul et force, chiffre » et sabre, tout est là. Nous ne croyons que ce qui se

» prouve, nous ne sentons que ce qui se touche; la » poésie est morte avec le spiritualisme, dont elle était » née. » — Et ils disaient vrai : elle était morte dans leur âme, morte dans leur intelligence, morte en eux et autour d'eux. Par un sûr et prophétique instinct de leur destinée, ils tremblaient qu'elle ne ressuscitât dans le monde avec la liberté ; ils en jetaient au vent les moindres racines à mesure qu'il en germait sous leurs pas, dans leurs écoles, dans leurs lycées, dans leurs gymnases, surtout dans leurs noviciats militaires et polytechniques. Tout était organisé contre cette résurrection du sentiment moral et poétique; c'était une ligue universelle des études mathématiques contre la pensée et la poésie. Le chiffre seul était permis, honoré, protégé, payé. Comme le chiffre ne raisonne pas; comme c'est un merveilleux instrument passif de tyrannie, qui ne demande jamais à quoi on l'emploie, qui n'examine nullement si on le fait servir à l'oppression du genre humain ou à sa délivrance, au meurtre de l'esprit ou à son émancipation, — le chef militaire de cette époque ne voulait pas d'autre missionnaire, pas d'autre séide et ce séide le servait bien. Il n'y avait pas une idée en Europe qui ne fût foulée sous son talon, pas une bouche qui ne fût bâillonnée par sa main de plomb. »

Personne ne se méprendra sur le but que nous nous sommes proposé en reproduisant les lignes qui précèdent. Lamartine ne parle pas seulement en son nom ; il peut et doit être considéré, dans cette circonstance, comme le fidèle interprète, comme un écho éloquent et vrai de tous ceux qui cultivaient les Muses.

Edmond Géraud subissait donc une influence en quelque sorte indépendante de sa volonté lorsqu'il s'associait aux récriminations de ses confrères en poésie contre l'Empire et contre l'empereur. Il avait été péniblement impressionné par les événements du 18 brumaire : « C'est alors, écrit-il dans ses mémoires de 1807, c'est alors que je vis avorter mes plus chères espérances ; c'est avec une profonde amertume que je vis s'évanouir pour jamais ces premières pensées de la Révolution, qu'avaient illustrées tant d'efforts généreux, tant de grands sacrifices, et qui dès lors sont devenues, si je puis m'exprimer ainsi, les divinités de ma douleur (1). »

Aussi, lorsque, le 14 mars 1814, le *Mémorial Bordelais,* imprimé et publié *par ordre supérieur,* dit le prospectus, fut fondé à Bordeaux, Géraud se trouva tout naturellement désigné pour la direction de cette feuille, dont il fut pendant plusieurs années le rédacteur principal ; mais en 1819 la *Ruche d'Aquitaine,* son journal de prédilection, agrandit son format, devint politique et parut tous les jours. Géraud dut alors abandonner le *Mémorial* et se vouer tout entier à la *Ruche.* Or, la *Ruche,* qui, jusqu'alors fidèle à son nom, n'avait guère distillé que du miel, se vit obligée d'entrer, elle aussi, dans cette carrière épineuse de la polémique journalière, où la lutte devient autre-

(1) Edmond Géraud devint royaliste. Il avait la haine du tyran, du despote qui démembrait la France, et le retour des Bourbons fut à ses yeux comme le signal de la délivrance du pays. Entre deux gouvernements, il choisit celui qui lui paraissait le plus à même de guider les destinées de la France. Ne pouvant revenir à la République, il servit la royauté.

ment acharnée que lorsqu'il s'agit d'apprécier des fleurs de rhétorique, des fabliaux ou des sonnets. Malgré les efforts de Géraud et de ses habiles collaborateurs, la *Ruche* politique ne dura que quatre ans; elle expira le 27 septembre 1823 pour se confondre avec le *Mémorial,* dont elle avait à peu près suivi la ligne politique. Dans cet intervalle assez long qui sépare 1814 de 1823, Edmond Géraud écrivit un grand nombre d'articles politiques; mais, nous le disons avec conviction, il ne se montra jamais journaliste dans la véritable acception du terme.

A cette époque, d'ailleurs, le journalisme était à peine connu. Avant la Révolution, il n'y avait pas de presse, à proprement parler; et, quoiqu'on fasse remonter la fondation de la première gazette au médecin Renaudot, qui vivait en 1632, il est certain que Loustalot et Camille Desmoulins furent les premiers qui publièrent, en 1789, des écrits périodiques consacrés à la critique des actes du pouvoir. On sait ce que devint la presse sous le Consulat et sous l'Empire. Le journalisme est donc un genre tout récent, mais qui a acquis de nos jours une immense portée et qui compte déjà ses illustrations : Armand Carrel, Henri Fonfrède, de Genoude, Marrast, Émile de Girardin, Proudhon, Veuillot. Le journalisme est un genre à part, qui a ses règles particulières, son éloquence propre, et surtout ses exigences spéciales et impitoyables. On peut dire de lui, avec plus de raison que de Saturne, qu'il dévore ses enfants.

La vie du journaliste est une des plus fatigantes et des plus pénibles qu'on puisse imaginer. Il ne lui est pas permis de se recueillir pour écrire à son heure; il faut que ses yeux, ses oreilles, son esprit soient constamment tendus; il doit voir ce qui se passe à Rome comme à Paris, entendre ce qui se dit à la cour et ce qu'on dit à la ville; s'asseoir dans les académies et s'arrêter sous les halles. Toujours sur le qui-vive, sa plume ne peut avoir aucun repos. A peine un fait est-il connu, il faut le raconter, l'apprécier, en examiner les causes, en déduire les conséquences. Il faut qu'il défende avec chaleur, avec opiniâtreté, le drapeau qui lui est confié; qu'il paie de son temps, de son travail, quelquefois de sa vie, le périlleux honneur d'une position dont les difficultés, comme les têtes de l'hydre de la fable, renaissent tous les jours. Sort glorieux, mais triste; car, s'il acquiert une popularité rémunératrice, la seule richesse qu'il puisse ambitionner, cette popularité n'est trop souvent que passagère, et le journaliste qui cesse d'écrire est comme l'acteur qui cesse de jouer : il faut qu'il meure sur la brèche, ou bien l'oubli se fait autour de son nom plus vite que la mousse ne croît sur son sépulcre abandonné. D'autres laissent après eux des tableaux, des statues, des monuments, des livres qui font revivre leur mémoire; mais les œuvres de ces écrivains d'élite qui ont illustré la presse, ces pages étincelantes de verve, d'énergie, de patriotisme, qui étaient attendues chaque jour et applaudies par tant de milliers de lecteurs, où sont-elles? Demandez à la mer ce qu'elle a fait des sables engloutis par ses flots!

Le poète peut-il être journaliste? Peut-il descendre des sphères éthérées où se complaît l'imagination dans la fange des intérêts matériels? Lui, qui vit d'abstractions, pourra-t-il se faire à ce régime perpétuel de froids calculs et de sèches démonstrations; lui, qui tient à polir sa phrase, à ciseler ses vers comme l'orfèvre qui taille un bijou, pourra-t-il écrire tous les jours sur des questions d'une si effrayante diversité? répondre sur-le-champ aux attaques dont il serait l'objet? improviser des pages entières qu'il s'agit de livrer au public sans même les avoir relues? Non, non, cela n'est pas possible, et voilà pourquoi Géraud n'a jamais été, ne pouvait pas être journaliste! Félicitons-nous de cette heureuse impuissance; félicitons-le surtout d'avoir su conserver ses qualités spéciales, son mérite littéraire. Si le poète obtenait une palme dans les luttes de la polémique, les feuilles en seraient arrachées à la couronne qui décore sa lyre. Pas un poète n'a été journaliste, pas un journaliste n'a été poète. Au contact des discussions irritantes de la presse, l'imagination se rouille et la poésie s'enfuit à tire d'ailes.

Edmond Géraud ne fut donc pas journaliste. Il resta au *Mémorial*, à la *Ruche*, devenue politique, ce qu'il avait toujours été : un écrivain gracieux et correct, un feuilletoniste spirituel, un critique érudit. Toutefois, il avait embrassé la cause de la Restauration avec trop d'enthousiasme, il l'avait défendue avec trop de talent et de courage pour rester inaperçu, même de ceux qui oublient le plus promptement les services rendus. Géraud n'était pas riche : plusieurs de ses amis, devenus puissants, l'excitaient à se mettre sur les rangs pour obtenir une position à laquelle il avait tant de droits. Un jour, ceux qui le conseillaient ainsi crurent avoir triomphé de ses longues résistances : l'écrivain indépendant, le citoyen austère, se fit solliciteur; il se rendit à Paris, pénétra jusque dans les bureaux du ministère, et obtint une place d'inspecteur des postes; mais, quand sa nomination fut décidée, usant d'un pieux stratagème, commettant un faux sublime, il donna le nom de son frère au lieu du sien, et c'est John Géraud qui bénéficia de la faveur accordée à Edmond. Quant au poète, il revint à Bordeaux, heureux d'avoir assuré le sort d'un frère bien aimé, et plus désireux que jamais de vivre tranquille loin des honneurs, des dignités et des ennuis qui en forment l'entourage habituel.

« Il faut peu de chose, a dit Montesquieu, pour faire la fortune d'un philosophe. » Celle de Géraud suffisait à tous ses désirs, à toute son ambition; il trouvait un agréable repos à ses fatigues sous les ombrages de Belle-Allée, où il ne pouvait se lasser d'admirer ses arbres et ses fleurs. Le 5 mai 1821, il se maria avec Mlle Pauline Grossard, femme d'un grand mérite, également digne, par les qualités de son esprit et par celles de son cœur, de s'unir à un homme si intelligent et si affectueux. Dans cette dernière période de sa vie, Géraud se montra aussi bon mari, aussi excellent père qu'il avait été ami sûr et dévoué; son âme semblait se concentrer tout entière sur son aimable compagne et sur une chère enfant qu'il aimait avec une tendresse sans égale. Cependant, ces liens nouveaux, si étroits et si doux, ne l'empêchèrent pas de vivre aussi pour ses amis.

Lorrando était au premier rang. Il lui avait voué une affection sans bornes : non content de l'admettre dans son intimité, il avait voulu que ses œuvres et celles de son ami parussent en même temps, et il les avait publiées dans le même volume. Malgré l'exiguïté de ses ressources, en dépit des privations qu'il était obligé de s'imposer, Géraud semblait avoir rencontré cet être insaisissable qui fuit quand on l'approche, comme un mirage trompeur, comme l'eau dans les mains de Tantale, cette éternelle énigme dont on ne trouve jamais le mot et qu'on appelle le bonheur. Un jour, à Belle-Allée, l'air était tiède et parfumé : il vit venir à lui sa charmante petite Élodie; ses yeux se portèrent tour à tour sur les grâces de l'enfant, sur le visage rayonnant de la mère, sur les fleurs et les arbustes qui l'entouraient, sur le ciel d'azur qui se reflétait dans l'eau, — et alors — il le dit dans ses Mémoires — il se sentit pénétré d'un sentiment d'inexprimable gratitude envers l'Être suprême, qui lui avait accordé tant de faveurs; alors il se sentit heureux véritablement, complètement heureux.

C'est au milieu de ces tranquilles et pures émotions que lui arriva la nouvelle de la Révolution de Juillet. Il en fut bien plus affligé que surpris, car il l'avait prévue depuis longtemps, et, sous ce rapport, ses Mémoires de 1827, 1828, 1829, ne sont pas les moins curieux, les moins intéressants à consulter. Il se résigna, dès ce moment, à une retraite plus profonde que jamais, et ne voulut vivre désormais que pour sa famille et quelques amis fidèles. Mais l'organisation physique de Géraud, l'excessive irritabilité de son système nerveux, sa sensibilité si grande, ne pouvaient pas supporter impunément de si terribles commotions. Le chagrin qu'il éprouva en voyant les Bourbons de la branche aînée se perdre dans un abîme dont il avait si souvent signalé les approches et les dangers, la perte de ses dernières illusions sur ce qu'il croyait être absolument indispensable au salut et à la grandeur de son pays, la crainte de voir la France déchirée par les horreurs de la guerre civile, — telles furent les principales causes de la maladie qui ne tarda pas à se déclarer chez lui et qui devait précipiter le cours d'une si précieuse existence.

J'arrive à l'un des événements les plus importants de cette vie si honorable : je veux parler de la conversion de Géraud.

L'homme qui change de religion pour acquérir la fortune ou les honneurs commet une action honteuse, car il trafique des choses les plus sacrées, il foule aux pieds ce qu'il y a de plus respectable dans le cœur humain, il subordonne à des intérêts purement matériels des intérêts qui touchent à l'ordre le plus élevé et qui doivent planer au-dessus de toutes les convenances sociales; mais celui qui obéit à la voix de sa conscience, celui qui croit entrevoir ailleurs que dans l'église dont il fait partie les lueurs de la vérité, celui qui ne prend conseil que des inspirations d'une âme dégagée de toute préoccupation mondaine, celui-là, quand il change de religion, fait un acte de courage, remporte sur lui-même une victoire complète, et ne saurait encourir d'improbation que de la part d'esprits légers, superficiels et prévenus.

Né d'une famille protestante, Géraud avait épousé une catholique, et il avait fait élever sa fille, conformément à sa promesse, dans la foi catholique. Géraud n'était pas métaphysicien; il devait subir tout naturellement l'influence de son organisation et celle non moins forte des événements au milieu desquels il vécut. Pour cette imagination ardente, le protestantisme avait peut-être quelque chose de trop sec et de trop froid. L'homme chez qui l'idée est dominée par le sentiment aime la pompe des cérémonies. Le poète protestant avait fait des hymnes à la Vierge; il s'était épris d'un certain amour artistique pour cette douce, mystérieuse et poétique incarnation de ce qu'il y a au monde de plus pur et de plus vénéré : la virginité et la maternité; le penseur s'était laissé conduire par le poète. Ajoutons qu'il y a dans les faits une logique irrésistible qui finit toujours par triompher des obstacles les plus insurmontables en apparence. Géraud avait défendu le trône avec trop d'ardeur pour ne pas arriver jusqu'à l'autel; ces deux puissances sont solidaires l'une de l'autre, et *religion catholique* et *légitimité* sont deux termes d'un même rapport qu'il est bien difficile de séparer. Ainsi, la nature aimante de Géraud, son exquise sensibilité, son imagination, ses convictions politiques, l'influence de sa famille, le désir de n'être pas séparé, après la mort, d'une compagne si dévouée, d'une fille si tendrement aimée, voilà sans doute les circonstances qui déterminèrent Géraud, déjà gravement malade, à changer de religion. La cérémonie se fit sans éclat. Le curé de Cenon-La-Bastide vint à Belle-Allée; en présence de deux témoins, il reçut l'abjuration du poète, le 16 mai 1831. Cinq jours plus tard, Edmond rendait le dernier soupir.

Il fut inhumé dans le cimetière de la commune de Cenon, où l'on voit sa tombe construite avec une touchante et poétique simplicité. La pierre qui la recouvre a la forme d'un livre ouvert. Sur l'une des pages, à gauche, on lit cette inscription : *21 mai 1831 — Edmond Géraud* — et plus bas : *J'ai trouvé l'eau qui désaltère.* Sur l'autre page, en regard de la première, on lit : *12 mars 1836 — Marguerite-Pauline Grossard, veuve d'Edmond Géraud* — et plus bas, ces mots : *Parce qu'il n'était plus.*

Soyez donc unis dans la mort, vous qui l'avez été dans la vie, vous si capables de vous comprendre et si dignes de vous aimer !

Et maintenant, ma tâche est achevée. Je n'ai pu suivre pas à pas, dans le cadre resserré de cette étude, l'homme dont j'ai voulu seulement esquisser l'existence. J'ai marqué les principales étapes de cette noble et utile carrière : j'en ai dit assez pour prouver qu'Edmond Géraud doit être placé parmi nos illustrations bordelaises les plus honorables, les plus pures. Poète distingué, critique émérite, publiciste courageux et convaincu, il a su se concilier l'estime de ceux-là mêmes dont il combattait les maximes avec le plus de vigueur. Il a donné un nouvel et salutaire exemple de la valeur qu'on peut acquérir loin du foyer de la centralisation ; il a prouvé une fois de plus tout ce que le culte du beau et du vrai peut apporter à l'âme de consolations et de sérénité. Le nom de Géraud est un de ceux dont la Gironde doit être fière, et l'Académie, qui l'aura tiré de l'oubli, aura fait un acte de patriotisme et de réparation.

Je ne terminerai pas cette notice biographique sans remercier M. Gergerès et Mme Jardel-Laroque des renseignements qu'ils ont bien voulu me fournir. Mme Jardel-Laroque, la digne fille d'Edmond Géraud, a conservé avec un soin religieux tous les manuscrits du poète; elle a décoré le salon de sa nouvelle demeure avec les tentures et l'ameublement de son père; elle a fait plus encore : elle en a gardé fidèlement les aimables et douces traditions; sur le domaine de Lafon, comme autrefois à Belle-Allée, le savant et le littérateur sont toujours sûrs d'être accueillis avec la plus franche, la plus gracieuse hospitalité.

Bordeaux. — Imp. G. GOUNOUILHOU, rue Guiraude, 11.

www.ingramcontent.com/pod-product-compliance
Lightning Source LLC
LaVergne TN
LVHW050432160826
845677LV00002BA/665

* 9 7 8 2 3 2 9 6 9 0 4 9 0 *